Miwon Lecture

꿈꾸는 젊은이, 매력국가의 길

꿈꾸는 젊은이, 매력국가의 길

초판1쇄 인쇄 2016년 8월 16일
초판1쇄 발행 2016년 8월 16일

지은이 홍석현
엮은이 미원렉처 편집위원회
펴낸이 조인원
펴낸곳 경희대학교 출판문화원

주소 서울시 동대문구 경희대로 26
전화 02-961-0106~8, 팩스 02-962-8840
설립 1960년 9월 16일 제5-8호
등록 1977년 11월 8일 제6-5호
홈페이지 www.khupress.com
전자우편 press@khu.ac.kr

ISBN 978-89-8222-546-8 03300

꿈꾸는 젊은이, 매력국가의 길

홍석현

경희대학교 출판문화원
KYUNG HEE UNIVERSITY PRESS

이 책은 2015년 5월 28일 경희대학교 네오르네상스관 네오누리에서 개최된 미원렉처Miwon Lecture에서 홍석현 중앙일보·JTBC 회장이 '새로운 한·중·일 시대와 대한민국의 꿈'을 주제로 강연한 내용을 담은 것입니다.

Miwon Lecture

미원렉처Miwon Lecture는 경희대학교 설립자 故 조영식 박사의 호 '미원美源'을 따서 이름 지은 특별 강연입니다. 경희대는 '문화세계의 창조'를 창학정신으로, '학문과 평화'의 전통을 이어오고 있습니다. 미원렉처는 국내외 석학과 실천인을 연사로 초빙해, 인간과 세계, 문명의 새로운 지평을 열어갑니다.

차례

Miwon Lecture

위기, 그리고 하나의 꿈

여러분, 반갑습니다.

총장께서 강연을 제안하셨을 때 사실 조금 망설였습니다. 하지만 인연이 깊은 경희대에서 젊은 학생들과 생각을 나눌 수 있는 기회를 갖고 싶어 제안을 받아들였습니다.

저희 집안과 미원美源 선생님 집안의 인연은 70여 년 전으로 거슬러 올라갑니다. 저희 선친하고 미원 선생님이 네 살 차이밖에 안 나지만 사제 관계였습니다. 미원 선생님이 서울대 법대에 다니실 때, 저의 선친이 강의를 하셨습니다. 나중에는 사제 관계가 우정을 나누는 친구 사이가 되어 두 분은 서로에게 힘이 되어주면서 어려운 세상을 살아가셨습니다. 이제는 제가 조 총장님과 함께 경희대 이사로 있으니 세교世交

가 있는 집안이 된 셈입니다. 그런 깊은 인연도 있고 해서 이렇게 강연을 해보겠다는 생각이 들었습니다.

그런데 강연을 준비하면서 스트레스를 많이 받았습니다. 미원렉처에서 강연하신 분들이 세계적인 석학들이란 것을 알게 됐기 때문입니다. 게다가 한국인이 강연하는 것은 제가 처음이라고 하더군요. 강연 제안을 받아들인 것이 큰 부담이 됐습니다. 아무튼 준비하는 과정에서 많은 고민을 했습니다.

저는 박사 학위가 있습니다만 전문 교수는 아닙니다. 학자냐고 물으면 학자라고 자신 있게 이야기할 수 없습니다. 그러면 언론인이냐? 글쎄요, 제가 언론계에 종사한 지 21년이 됐지만 기자 생활을 한 것은 아닙니다. 언론인이 아닌 것은 아니지만 언론인이냐고 하면 답변을 하기가 좀 그렇습니다. 그럼 당신은 행정가냐? 정치가냐? 행정에 잠깐 몸담았습니다만 행정가라고 주장하기에는 여러 가지 부족한 점이 많지요. 그러면 기업인이냐? 그렇다고 하기도 뭐하고 안 하기도 뭐해요. 저는 한 번도 기업인이라고 생각을 하며 살진 않았습니다. 물론 아버지한테 물려받은 회사를 경영했고 창업도 해봤습니다. 참고로 여러분이 주변에서 흔하게 보는 CU라는 편의점 회사를 제가 창업했습니다. 그렇기 때문에 어떻게 보면 기업인이기도 하지만 기업인이라고 제 자신을 소개하기에는 뭔가 걸리는 것이 있어요.

그래서 오늘 강연은 유니크unique한 인생 경험을 가진 사

경희대학교 네오르네상스관 네오누리에서 강연하는 홍석현 회장.

람이 들려드리는 이야기가 될 것 같습니다. 제가 작년 10월에 '지공거사'가 됐습니다. 만 65세가 되어 지하철을 공짜로 타지요. 지공거사는 이것저것 경험하면서 쓴맛 단맛 다 본 사람입니다. 또 저는 세상을 돌아다니면서 견문은 많이 넓히고 있습니다. 그러다 보니 나름대로 세계관이나 가치관이라는 것이 생겼습니다. 그것을 오늘의 현실에 맞춰 정리해본 것이 이번 강연이라고 생각해주셨으면 좋겠습니다.

강연을 들으러 국제캠퍼스에서 오신 학생들도 있다고 들었는데, 제 독특한 시각의 세계관을 재미없게 얘기해서 여러분의 소중한 시간을 뺏는 것은 아닌지 걱정이 되기도 합니다. 하지만 이왕 오셨으니까 재미있게 들어주시길 부탁드리겠습니다.

오늘 말씀드릴 '새로운 한·중·일 시대와 대한민국의 꿈'은 사실 오래 생각해왔던 주제입니다. 몇 년간 기회가 있을 때마다 이곳저곳에서 비슷한 견해를 피력하기도 했습니다. 이런 주제로 제 생각을 처음 정리하게 된 것이 5년 전 서강대학교 개교 50주년 기념 강연 때였습니다. 그 후 나라 걱정도 많이 하고 여러 가지 생각도 많이 들고 해서 이번에 제 생각을 다시 한 번 정리했습니다. 정말 하고 싶은 얘기가 많습니다.

우선 제가 인생의 선배로서 여러분에게 상당히 미안한 감정을 갖고 있어요. 위로의 말씀을 드리고 싶습니다. 바로 청년 실업 얘기입니다. 제가 회사 직원을 뽑아봐도 그렇고 언론을 통해 봐도 그렇고, 요즘 젊은 학생들이 참 훌륭한 스펙spec을 갖고 있어요. 영어·일어·중국어·상식·지식 등등 말입니다. 아마 저희 대학 시절이라면 전국 1, 2등을 다투는 훌륭한 실력일 겁니다. 하지만 우리나라에서 제일 걱정하는 것이 뭡니까? 청년 실업입니다.

아마 여러분은 먹는 것 걱정은 안 하실 거예요. 물론 굶는 사람도 있을 수 있겠지만 대개 굶는 것은 걱정 안 하실 겁니다. 또 어디 가서 잘까 하는 걱정도 아마 안 하실 거예요. 그런데 저희 시대에는 먹는 것도 걱정하고 자는 것도 고민하는 동료 학생들이 많이 있었어요. 저는 유복한 환경에서 자라 그 걱정은 안 하고 살았지만 그런 학생들이 많았습니다. '옛날에 왜 굶었느냐? 라면 먹으면 되지 않느냐?' 하는 우스갯소리도 있습니다만.

그런데 저희 때는 좋은 직장, 나쁜 직장은 있었지만 대학 졸업하고 어쨌든 직장에 들어가 희망을 갖고 살았어요. 올해보다 내년이 낫고 내년보다 후년이 낫고, 열심히 일하면 승진이 될 것이라는 희망을 가졌습니다. 나라가 발전을 하기 때문에 희망이 있었습니다. 월세에서 시작해서 전세로 가고, 18평 집에서 시작해서 2, 3년 있으면 24평짜리가 되고, 강북에 살다가 강남으로 이사 가는 식으로 말이지요. 이렇게 다들 직장에 들어가고 희망을 갖고 살았습니다. 하지만 요즘 학생 분들은 좋은 스펙을 갖고 있는데도 우리 선배들이 뭘 잘못했기에 직장 걱정을 해야 되는지, 참 미안한 감정을 안 가질 수가 없지요.

통계를 한번 봤더니 일자리다운 일자리가 우리나라에 581만 개가 있답니다. 괜찮은 직장의 기준이 무엇인지는 잘 모르겠어요. 그런데 그런 좋은 직장을 찾는 고학력 노동자가 965만이라는 거예요. 이 400만 가까운 미스매치mismatch, 이것을 어떻게 메울 수 있을까요? 어떤 정치가도 어떤 기업가도 그 어떤 사람도 단기간에 해결할 수 있는 재주는 없다고 생각합니다. 그래서 미안한 마음으로 위로의 말씀을 드립니다.

어른의 입장에서 또 하나 죄송한 것이 있습니다. 요즘 공무원 연금 개혁 문제가 있지요. 나라 살림이 어려워질 것으로 예상되니까 개혁을 안 하면 안 되는데, 정치권에서 이것을 국민연금하고 연계해버렸어요. 진보와 보수의 문제인 줄 알았더니 본질적으로 세대 간의 문제가 되어버린 거예요. 말하자면 우리 선배 세대가 속된 말로 여러분 같은 젊은 세대의 등골을 빼먹고 젊은 세대의 희망을 앗아 가는 정책을 시행하려고 하는 겁니다. 나중에 어떻게 되더라도 우선 우리가 편하게 살자는 얘기입니다.

사실 노인 빈곤 문제도 청년 실업 못지않습니다. 경제협력개발기구OECD 30여 개 회원국 중에서 우리가 노인 빈곤율이 1위입니다. 65세 이상 노인 중에 빈곤 계층이 49%, 거의 반입니다. 그러니 국민연금 문제가 심각하지요? 표를 얻어야 되는 정치권의 입장에서는 그런 정책이 당연한 일인지도 모르겠어요. 그렇지만 젊은 분들에게는 죄송한 일입니다.

이번에 정년이 60세로 연장이 됐지요? 정년 연장을 하면 임금피크제[1]를 해야 되는데, 노동조합에서 그것을 찬성해줄 리가 없습니다. 그런데 이 문제가 여러분하고 관련이 있습니다. 임금피크제를 안 하면 청년 실업은 더 늘어나게 되어 있어요. 정규직 특권을 보호하다 보면 여러분이 비정규직으로 들어갈 가능성이 훨씬 높아지는 겁니다. 세대 간의 갈등 문제가 있는 것이지요. 저희 때에는 다 같이 가난해서 이런 세대 간의 갈등은 없었어요. 가난하지만 내일은 나을 것이라는 희

1 **임금피크제** 일정한 나이에 이른 근로자의 임금을 삭감하고 고용을 보장하는 제도.

홍석현 회장의 강연이 열린 경희대학교 네오르네상스관 네오누리.

망을 갖고 살았습니다. 없는 형편에 우리가 벌어 부모님에게 드리고 하면서 나름대로 화목하게 살았지요. 그런데 지금은 세대 간의 갈등이 있는 것입니다.

제가 오늘 학교에 왔기 때문에 들려드리는 여담입니다만, 미국 대학에서는 졸업식 때 연설들 많이 하지요? 가장 인기 있고 널리 회자되는 연설 한 대목이 있습니다. 여러분 잘 아시는 스티브 잡스가 한 말입니다. 췌장암을 한 차례 극복하고 스탠퍼드대학 졸업식에 와서 한 얘기지요. "Stay Hungry. Stay Foolish." 참 별것 아닌 말인데 아직까지 모든 사람의 심금을 울립니다. 그런데 이것이 여러분한테 위로가 되는지 잘 모르겠어요.

그리고 오프라 윈프리도 인기 있는 연설가입니다. 이분이 세계적인 사람이지요. 이분의 글을 읽어봤는데, 자기는 대학 가서 연설할 때 준비를 안 한대요. 연단에 올라가서는 어떤 학생의 얼굴에서 영감을 얻어 즉흥적으로 연설을 한답니다. 타고난 능력이지요. 그런데 오프라 윈프리 같은 분이 역사상 또 있습니다. 석가모니 부처님하고 예수님입니다. 그분들은 원고 준비를 안 했어요. 어디를 가면 그 장소에 맞는, 그곳의 문제를 가지고 말씀을 하는 것입니다. 그러니까 감동이 있는 거예요.

석가모니 부처님은 모인 사람들을 쭉 훑어보고는 표정이 가장 어두운 사람을 골라 그의 문제가 무엇인지 파악했습니다. 그러고는 그 표정이 펴지고 얼굴에 미소가 피어날 때까지 설법을 했습니다. 청중 중에 잔뜩 찌푸린 사람의 얼굴이 펴졌으니 다른 사람은 더 좋아졌겠지요.

저도 학교에 왔으니 한 말씀 드려야겠는데 우스갯소리 하나 하겠습니다. 어저께 신문을 봤는데, 로버트 드니로가 미국 어느 대학의 졸업식 연설에서 이런 말을 했다고 합니다. "You're f***ed(여러분은 이제 끝장입니다)." 아마 올해 졸업식 연설 중에 최고봉일 것이라고 합니다. 저도 여러분에게 같은 말을 해주고 싶습니다. 여태까지 스펙을 그렇게 쌓았는데, 선배들이 시원찮아서 여러분이 고통을 받고 있어요. 그런데 이제 우리가 고통만 받고 있을 수는 없다고 생각합니다. 저는 길이 있다고 봅니다.

청년 실업과 노인 빈곤은 결국 잠재성장률을 밑도는 저성장이 계속되고 있는 것과 관련이 있습니다. 그리고 성장이 고용 창출하고 연결이 안 되는 문제도 있습니다. 400만 가까운 갭gap을 메울 고용 창출이 없는 거예요. 1인당 국민소득이 3만 불의 벽을 넘지 못하는 것도 문제입니다. 애인이 있어도 결혼하자는 얘기 안 나옵니다. 직장을 구하기 힘들어 부모한테 얹혀사는데 어떻게 결혼을 하자고 하겠습니까? 직장다운 직장을 못 얻으니까 저출산이 됐어요. 물론 라이프 스타일하고도 관련이 있겠지요. 어쨌든 2017년부터는 생산 가능 인구(15~64세)가 절대적으로 줄어들 것입니다. 이런 현상을 인구절벽demographic cliff이라고 하지요. 인구구조가 이제 벼랑 끝에 선 겁니다.

양극화 현상도 있습니다. 부자는 계속 부자가 되고 가난한 사람은 가난을 벗어날 길이 보이지 않습니다. 양극화는 세계적인 현상이지만 우리나라가 제일 빨리 진행되고 있어요. 이런 상황에서 과연 우리가 건전하게 공동체를 유지할 수 있을까요? 문제는 또 있습니다. 무엇이든 진영 논리로 바라보기 때문에 이념 갈등, 지역 갈등, 남북 대결 등 갈등이 끊이질 않습니다. 내 편 네 편이 딱 나뉘어 있습니다. 한쪽에 안 서거나 줄을 잘못 서면 바보가 되기 때문에 어느 쪽이든 일단 줄을 서요. 줄을 서놓는 것이 좋은 겁니다. 그러니 중도 세력이 없고 중산층이 약합니다.

이런 얘기만 하다 보니 우리 처지가 너무 불쌍합니다. 세상에 문제없는 나라가 없는데, 제가 너무 자학적으로 표현한 것 같습니다. 사실 밖에서 보는 한국은 멋진 나라입니다. 저는 팔자에 역마살이 있는지 해외 생활을 14년을 했고 돌아와서도 1년에 서너 달은 일과 관련해 해외로 나갑니다. 그래서 많은 사람을 만났는데, 그들에게 한국은 참 멋진 나라입니다. 대단한 나라이지요. 제2차 세계대전이 끝나고 민주화와 산업화라는 두 마리 토끼를 동시에 잡은 나라는 대한민국밖에 없습니다. 미국은 2차 대전 이후 수많은 전쟁에 개입했습니다. 지기도 하고 이기기도 했는데, 우리나라에선 무승부였지요. 그런데 미국이 개입한 나라 중 유일하게 성공한 곳이 우리나라입니다. 또한 요즘 같은 브랜드 시대에 삼성과 현대라는 두 개의 큰 브랜드를 가진 나라가 흔치 않습니다. 게다가 한류까지 있지요. 외국에서는 우리나라를 훌륭한 나라로 봅니다.

그런데 정작 우리 자신은 그렇게 생각하지 않습니다. 진영 논리에 빠져 서로 스스로를 비하하며 자학하는 모습을 보입니다. 외국에서는 이해가 안 가는 상황이지요. 미국에 전략국제문제연구소Center for Strategic & International Studies, CSIS라고 하는 기관이 있습니다. 브루킹스 연구소와 함께 워싱턴 최고의 싱크탱크이지요. 그곳의 존 햄리John Hamre 소장이 이런 말을 했습니다. "왜 너희는 너희 자신의 것을 못 보느냐?"

우리는 미들 파워middle power를 자처합니다. 또 다른 미들 파워로는 브라질·캐나다·호주·인도네시아·터키·멕시코 같은 나라가 있는데, 이들 국가는 스스로를 미들 파워로 여기지 않습니다. 미들 파워가 아니라 글로벌 리더가 될 수 있는 나라로 봅니다. 그런데 우리는 그렇게 생각하지 않습니다.

말씀드린 대로 우리나라는 우리의 생각과 달리 참 멋진 나라입니다. 그렇다면 우리나라를 어떻게 더 멋진 나라로 만들 수 있을까요? 더불어 행복하게 잘 사는 나라를 만들려면 어떻게 해야 될까요? 이와 관련해 어쩌면 꿈같은 소리로 들릴지 모르는 이야기를 해보겠습니다. 바로 '매력국가' 건설입니다. 그 하나의 비전, 꿈을 오늘 피력해볼까 합니다.

Miwon Lecture

매력국가와 제3의 개국

왜 매력국가를 건설해야 될까요? 앞서 말씀드렸지만, 청년 실업, 노인 빈곤, 양극화, 인구 절벽, 그리고 1인당 국민소득 3만 불의 벽은 여간 심각한 문제가 아닙니다. 매력국가 건설은 이런 당면 문제를 해결하고 주어진 기회를 살릴 수 있는 국가 전략이라고 저는 생각합니다. 어떻게 보면 유일한 국가 전략이 될 수밖에 없습니다. 또 엄중한 위기의 시기에 새 시대를 열 수 있는 하나의 수단, 하나의 꿈이 될 수 있다고 생각합니다. 여러분의 관심사인 청년 취업 문제와도 아주 밀접한 연관이 있는 것은 물론이고요.

왜 지금이 위기일까요? 저는 왜 위기라고 생각할까요?

개인이든 대학이든 회사든 함께 경쟁하는 상대가 있습니

다. 나라도 마찬가지입니다. 그런데 경쟁 상대가 잠자고 있던 것이 과거 우리에게는 상당히 행운이었습니다. 우리가 1960~80년대를 거치며 고속 성장을 했던 것은 중국이 자고 있었기 때문이었습니다. 당시 중국은 공산주의니 문화혁명이니 하면서 잠자고 있었어요. 또 일본이라는 큰 시장이 있어서, 일본어를 할 줄 아는 저희 아버지 세대가 기술을 사 오거나 합작을 하기도 했습니다. 그래서 이래저래 기회가 있었습니다.

그런데 지금은 중국이 깨어났습니다. 사실 깨어난 지 오래됐지요. 지금은 깨어난 정도가 아닙니다. 시진핑의 중국몽中國夢, 중국의 꿈에 대해 많이 들어보셨을 겁니다. 과거 중국의 찬란한 역사를 재현하겠다는 것이지요. 중국은 19세기 초 제국주의의 침탈로 몰락하기 시작해 아편전쟁 이후 100년 동안 치욕의 세월을 보냈습니다. 그런 중국이 이제 강력했던 한나라와 융성했던 당나라 시대, 중국의 강토가 가장 넓었던 건륭제乾隆帝[2] 때의 청나라 시대를 다시 열겠다고 하는 것입니다. 일례로 당나라 때의 무역 루트였던 실크로드를 다시 만들려고 합니다. 바로 일대일로一帶一路, One Belt, One Road[3] 정책이

---

2 **건륭제** 乾隆帝, 1711~1799 중국 청나라의 제6대 황제로 청나라를 정치·경제·문화 대국으로 만들었다.

3 **일대일로** 유라시아 국가들 간의 연계와 협력에 초점을 맞춘 중국의 개발 전략. 일대는 육상 실크로드 경제 벨트, 일로는 21세기 해상 실크로드를 의미한다.

파키스탄의 과다르 항. 중국은 일대일로 정책의 일환으로 이 항구의 운영권을 확보했다.

지요. 그냥 말만 한 것이 아닙니다. 여러분도 언론을 통해 접하셨겠지만, 아시아인프라투자은행Asian Infrastructure Investment Bank, AIIB[4]이라는 것을 만들었어요. AIIB에 가입하면 동맹국이 아니라며 미국은 우리에게 압력을 가했습니다. 그래서 미국의 눈치를 보며 가입 시기를 저울질하고 있는데, 영국과 독일이 먼저 들어갔어요. 그 바람에 우리도 며칠 있다가 가입했습니다. 일본도 기회는 놓쳤지만 들어갈 겁니다. 미국에서도 오바마가 기회를 놓친 것에 대해 잘못된 정책이라고 말합니다. 중요한 것은 중국이 그 정도의 힘을 가지고 일어나고 있다는

---

4 **아시아인프라투자은행** 아시아 태평양 지역의 인프라 건설을 지원하기 위해 중국의 주도로 설립된 국제 금융 기관.

것입니다. 이제는 우리가 중국 가서 장사하기 참 힘들어요. 지금의 중국은 옛날의 중국이 아닙니다. 그런데 중국이 잠을 깨니까 일본이 잠이 들었어요. 지난 20년간 일본이 잠들어 있었습니다. '잃어버린 20년'[5]이라고 하지요.

하지만 아베가 집권하고 나서 일본은 '아름다운 일본美しい日本'이라는 꿈을 꾸기 시작했습니다. 말은 '아름다운 일본'인데, 그 속을 들여다보면 강한 일본입니다. 집단 자위권을 행사하는 것이지요. 당연히 일본의 지도자로서는 갈 수밖에 없는 길입니다. 정식군대를 갖고 전쟁을 할 수 있는 보통 국가로 갈 수밖에 없지요. 또 아베노믹스Abenomics[6]도 있습니다. 세 개의 화살을 쏘았습니다. 두 개의 화살은 성공적으로 쏘았습니다. 주가가 올랐고 대학생 취업률이 90%에 이르렀습니다. 여러분은 일자리를 못 구하고 있는데, 일본 대학생들은 골라서 가고 있어요. 혹자는 세 번째 화살이 어렵다고 이야기합니다. 왜냐하면 구조 개혁을 해야 하니까요. 맞는 이야기예요. 그러나 일본은 움직이고 있습니다. 도쿄 한번 가보세요. 활기가 넘쳐나고 있어요. 젊은 사람들이 다시 힘을 찾았어요. 아베가 수정주의 역사관을 가지고 역사를 다시 쓰겠다고 하고

---

5 **잃어버린 20년** 거품경제가 붕괴하면서 시작된 일본의 장기 불황으로 1991년부터 2010년까지 지속됐다.

6 **아베노믹스** 아베 신조 일본 총리가 주창한 경제정책. 금융 완화, 재정 확대, 그리고 민간 투자를 촉진하는 성장 전략으로 이루어져 있다.

2015년 미국을 방문한 아베 신조 일본 총리.

요. 물론 이 생각은 언젠가 대가를 치를 것이지만 말입니다.

그런데 우리는 과연 중국몽과 '아름다운 일본' 사이에서 무슨 꿈을 꾸고 있습니까? 우리 지도자들은 지금 무얼 하고 있습니까?

앞서 이야기한 문제들은 쉽게 안 풀립니다. 국민소득만 봐도 현재의 체질이나 발상으로는 1인당 국민소득 3만 불의 벽을 넘기 어렵습니다. 그러면 현재의 2만 8,000불로 계속 갈 수 있을까요? 앞으로 가지 않으면 뒤로 갑니다. 잘 아시다시피 우리나라가 1만 불을 두 번 했어요. 재수생이에요. 2만 불도, 올라갔는데 글로벌 금융 위기 때 다시 내려갔다가 회복했지요. 2006년 통계를 보면 싱가포르가 2만 6,000불입니다. 우리는 2만 불인가 그렇습니다. 지금 우리는 환율 덕에 2

만 8,000불이라고 합니다. 그런데 2만 6,000불의 싱가포르가 지금 9년 만에 5만 6,000불이 됐어요. 남은 하는데 우리는 기껏 제자리걸음이에요. 일본은 1만 불에서 2만 불 오는 데 7년, 2만 불에서 3만 5,000불 가는 데 또 7, 8년 걸렸습니다. 여러분, 공부도 그렇지만, 쇠가 달궈졌을 때 치는 것처럼 한 번에 팍 올려놔야지 우물쭈물하다간 다시 내려갑니다. 아르헨티나처럼 말이지요.

게다가 지금은 위기 상황입니다. 강한 중국이 더 강해지려 하고 있고, 일본은 20년의 잠에서 깨어났습니다.

그런데 저는 기회가 있다고 봅니다. 무엇이 기회일까요?

과거 중국이 자고 있을 때 우리에게는 일본이 있었듯이, 일본이 자고 있을 때, 물론 지금은 일본도 일어났지만, 우리에게는 중국이 있습니다. 중국이 요즘 저렇게 뻗어나가고 있을 때 우리는 중국을 활용해야 합니다. 용중用中이 되어야 합니다. 우리가 중국에 들어가서 사업하는 것은 점점 어려워지고 있습니다. 그렇다면 어떻게 중국을 활용해야 할까요?

지금 한·중·일이 전 세계 국내총생산GDP의 21% 정도를 차지하고 있습니다. 5분의 1에 해당하는 경제입니다. 이 경제는 굉장히 빠른 속도로 자라고 있습니다. 이를 활용하려는 세계 자본과 세계 기술과 세계 인재, 미국과 유럽의 인재들을 한국에 유치해야 합니다. 이것이 용중입니다.

왜 유치할 수 있을까요?

인천에서 비행기로 한 시간 걸리는 거대한 중국 시장. 인구가 13억입니다. 어마어마한 인구예요. 그런데 중국에 가서 돈 벌기 힘들다는 것을 많은 기업인이 느끼고 있습니다. 서구 사람들이 많이 힘들어합니다. 왜 그럴까요? 법 제도나 언론 자유가 글로벌스탠더드에 미치지 못하기 때문입니다. 그렇기 때문에 우리가 대단위의 중국향中國向 전진기지를 조성할 수 있는 것입니다.

그러면 어떻게 할 수 있을까요? 아주 쉽게 한마디로 한다면, 아시아 최고 수준의 자유와 개방으로 세계의 인재·자본·기술을 끌어들여야 합니다. 일본보다 훨씬 열린 사회, 훨씬 다이내믹한 사회를 만들면 가능하다는 것입니다. 저는 그것을 제3의 개국이라고 이야기하고 싶습니다. 우리가 개화기 때 한 번 개국을 했고, 해방 이후 남쪽은 북쪽과 달리 개방을 통해서 이만큼 성장했습니다. 그런데 이 정도 가지고는 안 됩니다. 여러 가지 규제, 외국인에 대한 자세, 기업 하기 어려운 환경 등 이런 것을 혁파할 수 있는 제3의 개국을 해야 된다는 것입니다.

이와 관련해 저는 앞서 말씀드렸듯이 매력국가라는 표현을 씁니다. 매력국가라는 말이 추상적이긴 합니다. 남녀 불문하고 매력 있는 이성을 보면 끌립니다. 그런데 매력이라는 것이 무엇입니까? 물론 외모도 중요하지요. 하지만 외모 말고 어떤 풍기는 분위기가 더 중요합니다. 지적 수준이 높거나 대화가 잘되거나 심성이 고운 것 말입니다. 남자든 여자든 종합적으로 향기가 나는 사람이 되어야 합니다. 아주 좋은 향기가 나는 사람. 그래서 나라 역시 그렇게 향기가 나는 나라를 만들어야 한다고 생각합니다.

군사력이 강하고 경제력이 강하다고 향기가 나는 것이 아닙니다. 김구 선생이 『백범일지』에서 '내가 원하는 우리나라'를 말씀하셨지요. 어떻게 혁명가가 그런 발상을 했는지 참 놀랍습니다. 김구 선생은 문화의 향기가 나는 문화국가가 되어야 한다고 말씀을 하셨습니다. 얼마 전에 조인원 총장께서 저한테 책을 보내주셨어요. 미원 선생의 저서 『문화세계의 창조』였습니다. 부산 피난 시절인 30대 초반에 쓰신 것 같은데, '문화세계론'을 펴셨어요. 그 내용에 100% 동의하진 않지만 이런 생각이 들었습니다. '나는 30대 초반에 참 철없는 사람이었는데, 이 어른은 그 열악한 피난 시절에 어떻게 문화세계론을 펼 수 있었을까?'

저는 여기에 답이 있다고 생각합니다. 우리는 향기가 나는 국가를 만들어야 합니다.

Miwon Lecture

세계 최고의 창업 생태계

그러면 그런 나라가 있을까요? 예, 우리가 배울 나라들이 있습니다. 17세기 네덜란드가 하나의 성공 사례입니다. 잘 아시다시피 네덜란드는 스페인의 식민지였어요. 식민지를 벗어난 지 불과 100년도 안 되어 해양 강국으로 부상합니다. 이렇게 된 가장 큰 동인動因은 종교와 사상의 자유입니다. 망명자의 천국이었어요. 데카르트가 칼뱅파 신교도로 몰려 프랑스에서 쫓겨나 네덜란드에서 20, 30년 망명 생활을 했습니다. 영국의 존 로크도 네덜란드로 망명했습니다. 종교와 사상의 자유를 인정했을 뿐인데 최고의 인재가 오게 된 것입니다.

위그노Huguenot[7]에 이어 그다음에는 유대인이 왔습니다. 구교국가에서 박해를 받던 신교의 자본과 기술이 다 왔습니다. 미국 건국의 아버지들Founding Fathers[8]이 벤치마킹한 나라도 네덜란드입니다.

제가 말씀드린 제3의 개국도 마찬가지입니다. 여러분 같은 청년의 발랄함과 다이너미즘dynamism으로 세계의 인재와 세계의 기술과 세계의 자본을 끌고 오는 것입니다. 이런 면에서 우리가 중국보다 유리한 입장에 있기에 가능합니다.

그리고 또 다른 사례가 있습니다. 바로 런던이에요. 얼마 전 「이코노미스트The Economist」지에 런던 특집이 나기도 했습니다만. 앞서 말씀드렸듯이 요즘은 브랜드 시대입니다. 도시 브랜드 하면 런던과 뉴욕인데, 런던이 뉴욕을 넘어섰어요. 물론 부작용도 있습니다. 런던 중심부에는 영국 사람이 못 살아요. 세계 부자들이 다 와서 진을 치고 있으니까요. 러시아 부자, 중국 부자, 중동 왕족 등등. 그런데 부동산 값이 오르는 것은 그 도시가 매력이 있다는 얘기입니다. 여러분들 놀러 갈 때 홍대 앞에 가지요? 또 청담동 카페도 가지요? 매력 있는 데로 가게 되어 있는 겁니다. 「이코노미스트」에 런던이 영국을 먹여 살린다는 표현이 나옵니다. 그 런던은 누가 먹여 살릴까

7 **위그노** 16~17세기 프랑스의 칼뱅파 신교도.

8 **미국 건국의 아버지들** 1776년 독립선언서에 서명하거나 1787년 헌법 제정 회의에 대표로 참석해 헌법 초안을 작성한 이들을 가리킨다.

17세기 네덜란드 암스테르담의 담 광장.

요? 세계가 먹여 살립니다. 저는 세계가 먹여 살리는 대한민국을 꿈꾸고 있습니다. 물론 부작용도 많지요. 지금 런던 시장은 자기가 총리보다 세다고 합니다. 다음 총리 후보인데요. 런던이 독립해야 한다는 말도 있습니다. 하지만 우리가 이런 브랜드를 만들지 않으면 현재의 위기를 돌파할 수 없습니다. 깜짝 놀랄 만한 이야기를 하나 해드릴까요? 프랑스 사람들이 콧대가 얼마나 높은지 아시지요? 그런데 런던이 '제4의 프랑스 도시'입니다. 파리·리옹·마르세유, 그다음이 런던이에요. 런던에 사는 프랑스 사람이 50만이라고 하는 사람도 있습니다. 주변까지 치면 80만이라는 주장도 있습니다. 스웨덴이 참 좋은 나라지요. 복지가 완벽하게 되어 있고요. 하지만 꿈꾸는 젊은이들은 거기 없습니다. 다 런던에 와 있어요. 고생은 해도 꿈을 이룰 수 있기 때문입니다.

뉴욕은 다들 아시니까 말씀을 드리지 않겠습니다. 그다음 사례로 실리콘밸리가 있습니다. 저는 스탠퍼드대학 공대에 들어가 석사 학위를 받고 박사는 경제학으로 받았습니다. 제가 1972년에 갔으니까, 애플 컴퓨터를 만들고 있던 스티브 잡스와 같은 공간에 있었던 셈입니다. 제가 어리석어 실리콘밸리에 땅 한 평 못 사놓은 것이 아쉽습니다. 실리콘밸리가 아마 우리나라 충청북도만 할 겁니다. 그런데 그곳 기업들의 시가총액이 7조 달러를 넘습니다. 우리나라 GDP(1조 4,000억 달러)의 다섯 배입니다. 모든 것이 다 스탠퍼드대 졸업생, UC 버클리 졸업생, 마크 저커버그Mark Zuckerberg[9] 같은 하버드대 졸업생, MIT 졸업생들이 이곳에 와서 이룬 것입니다. 왜 자기 동네에서 안 하고 그곳에 와서 할까요? 거기에 독특한 문화가 있기 때문입니다. 생태계, 브랜드가 있는 겁니다. 전부 젊은이들이 창고에서 만든 회사예요. 재벌이 만든 회사가 아닙니다. 지금 창조경제혁신센터가 우리나라 전국에 있는데, 다 대기업이 중심이 되어 하고 있어요. 그런데 실리콘밸리를 미국 사람이 이룬 것으로 알고 계신가요? 저커버그는 러시아 사람입니다. 구글 창업자도 마찬가지예요. 또 인도 사

---

9 **마크 저커버그** Mark Zuckerberg, 1984~ 소셜 네트워킹 서비스인 페이스북의 공동 창업자 겸 최고경영자.

실리콘밸리.

람, 파키스탄 사람, 중국 사람, 한국 사람들도 있습니다. 물론 미국 사람도 있지요. 경희대학교 학생이라고 해서 저커버그가 되지 말라는 법이 있습니까? 실리콘밸리 문화 같은 학풍을 만들어야 합니다. 물론 학문을 하지 말라는 얘기는 아닙니다. 저커버그가 나와야 대학에 1,000억을 기증해서 여러분의 후배를 키울 수 있습니다.

다음으로 싱가포르 사례도 있습니다만, 싱가포르 관련해서는 드릴 말씀이 좀 있습니다. 사실 싱가포르는 대단한 나라가 아닙니다. 경제 발전은 인정을 받아도 민주주의라는 측면에서 그렇게 좋은 평가를 받는 국가가 아닙니다. 문화적으로도 그렇게 훌륭한 성취를 했다고 평가받지 못하고 있습니다.

게다가 열대기후예요. 이런 곳에서 리콴유李光耀[10]가 한 것을 우리는 왜 못 합니까?

제가 정말 화가 났던 적이 있습니다. 후쿠시마 원전 사태가 일어났을 때 도쿄에 있던 굴지의 글로벌 기업의 아시아 본부가 전부 다른 곳으로 이동했어요. 어디로 갔을까요? 70%가 싱가포르로 가고, 30%가 홍콩으로 갔습니다. 도쿄의 사무실 임대료가 얼마나 비싼지 아세요? 서울의 다섯 배입니다. 그러니 자연스럽게 서울로 와야 되는데 싱가포르로 간 겁니다.

앞서 말씀드렸지만 사무실 임대료가 비싼 것은 나쁜 것이 아닙니다. 매력이 있으니까 비싼 것이지요. 그런데 우리나라는 도심 공실률이 얼마인지 아세요? 잠실에 123층짜리 건물이 올라가고 있습니다. 또 모 기업이 인터컨티넨탈 호텔 앞에 100층짜리를 올린답니다. 그 건물들을 누가 채웁니까? 채울 수 있게 해야 됩니다. 용산이든 상암동이든 건물들을 채울 수 있어야 합니다.

후쿠시마 원전 사태 때 기업들이 싱가포르로 간 것은 우리가 싱가포르만 못하다는 얘기지요. 우리는 왜 유치를 못 합니까? 왜 기업들이 서울을 놔두고 그 먼 열대지방으로 갑니까? 우리는 반성해야 됩니다.

---

10 **리콴유** 李光耀, 1923~2015 싱가포르의 정치인으로 30여 년간 총리를 지냈다. 고도의 경제성장을 통해, 변방의 식민지였던 싱가포르를 아시아의 네 마리 용 중 하나로 변모시켰다.

제가 이렇게 목청을 높이는 이유가 있습니다. 우리 지도층이 한국의 위기와 기회를 너무 안이하게 바라보고 있기 때문입니다. 정치 지도자들뿐만 아니라 언론도 대학도 마찬가지입니다. 가장 큰 책임은 정치 지도자들에게 있지만 말입니다. 앞서 말씀드렸지만 중국은 더 강하게 나가고 일본도 깨어났습니다. 이런 상황에서 우리는 과연 무슨 꿈을 꾸고 있나요? 꿈이 없는 사람은 죽은 사람이에요. '있는 것을 나눠 먹자.' 그건 여러분 같은 자식과 손자의 몫을 가로채겠다는 것과 똑같은 것입니다.

그러면 매력국가 건설을 위해 구체적으로 무엇을 해야 할까요? 우리는 나쁜 규제를 풀고 좋은 것을 지원하고 필요한 개혁을 과감히 해야 합니다. 창업 생태계를 만들어야 합니다.

잠시 창업과 관련해 한 말씀 드리겠습니다. 1997~98년 IMF 환란 이후 김대중 정부가 창업 붐을 일으켰어요. 물론 엄청난 부작용도 있었어요. 그렇지만 그때 뿌려진 씨앗이 오늘까지 살아남아 다시 창업 붐이 일어날 수 있는 바탕이 됐습니다. 지금 박 대통령께서 창조경제를 강조하고 계시는데, 이것이 정말 잘되어야 합니다. 정말 잘되어서 다시 창업 붐이 일어나면, 여러분 중에서도 10년 내에 1,000억 정도를 경희대학교에 기증할 사람이 두세 명 나올 수 있습니다. 제가 이사회에서 보니까, 지금 경희대학교가 다른 것은 다 좋은데 좀 약한 부분이 있더라고요. 졸업생 기부금이 덜 걷히는 겁니다.

50, 60세 선배님들한테 기대해서는 안 됩니다. 1,000억씩 내놓는 사람들이 나와야 해요. 창업하세요. 저는 창업에 희망이 있다고 생각합니다.

여러분, 창조경제의 핵심이 무엇입니까? 쉽게 얘기하면 최고 일류가 창업을 해야 된다는 겁니다. 공무원, 또 삼성이나 현대 같은 대기업 직원(겁 많은 사람이 가는 곳이 대기업입니다), 변호사, 의사 등은 1.5류가 하고요. 최고 일류는 창업을 해야 됩니다. 그러려면 동기부여가 있어야 되겠지요. 동기부여는 무엇일까요? 희망찬 미래를 꿈꿀 수 있게 해주어야 하는데, 그것은 스톡옵션stock option[11]밖에 없습니다. 창업 회사에서 삼성 월급을 받으려고 하는 것은 과한 욕심입니다. 삼성의 반은 받아야 한다고 하는 것도 마찬가지입니다. 최고 일류가 3분의 1이나 4분의 1밖에 안 되는 월급을 받고도 일하게 하려면, 미래의 소득에 대한 보장이 있어야 합니다. 그것이 바로 스톡옵션이에요.

그런데 스톡옵션에 세제 혜택 문제가 있지요. 기획재정부는 세제 혜택을 주어야 한다는 것을 다 알면서 못 하고 있어요. 대통령께서는 좀 더 적극적인 관심을 가졌으면 좋겠어요. 김대중 정부 때는 세제 혜택이 있었어요. 그런데 사기꾼들이

---

11 **스톡옵션** 자사의 주식을 시세보다 낮은 가격에 매입하고 나중에 팔 수 있는 권리를 기업의 임직원에게 부여하는 제도.

판치고 벤처 붐이 꺼지면서 노무현 정부가 없앴어요. 구더기 무서워서 장 못 담근 것입니다. 작년에 대통령께서 창조경제를 하신다고 해서 저희 신문이 여러 번에 걸쳐서 스톡옵션 얘기를 했습니다. 물론 제가 덕 보려고 한 것이 아닙니다. 판교에서 일하는 사람들이 세제 혜택 해달라고 정당에 얘기해도, 미래창조과학부에 얘기해도, 청와대에 얘기해도 별다른 성과가 없습니다. 이것이 우리나라의 현실입니다.

우리는 실리콘밸리의 창업 생태계를 만들어야 합니다. 잘나가는 조그만 창업 회사를 뺏어 가는 것, 압박해서 기술을 훔쳐 가는 것, 이런 대기업의 행태는 정말 못 하게 막아야 됩니다. 정부가 그런 역할을 해야 합니다. 그리고 더 중요한 것은, 앞서 말씀드렸지만 네덜란드·런던·실리콘밸리처럼 세계의 인재들을 우리나라로 끌어들이는 것입니다. 중국 시장에 진출하려는 세계의 인재들을 우리의 문화와 기술력으로 끌어들여야 합니다.

저는 우선 시험적으로 세계 최고 수준의 개방 도시나 구역을 하나 만들어봤으면 좋겠습니다. 실은 우리나라 전국이 싱가포르처럼 되길 원하지만 그것은 요원한 일 같습니다. 그래서 일단 한 곳을 만들어보고 거기서 무슨 일이 일어나는지 지켜보는 겁니다. 인천 송도도 후보가 될 수 있고 새만금도 한번 해볼 수 있습니다. 아니면 제주도도 가능하고요. 박정희 대통령 같았으면 한번 해봤을 것 같습니다. 정주영 회장이나

이병철 회장 같았으면 한번 해봤을 것 같아요. 지금은 해보지도 않습니다. 이래서 안 되고 저래서 안 되고, 이것이 문제고 저것이 문제고 하면서 말입니다.

Miwon Lecture

통일과 통합의 길

정해진 강연 시간이 좀 지났습니다만, 대북 정책, 통일 문제에 대해 한 말씀만 드리겠습니다. 저는 20년 전부터 '확신범確信犯'이었습니다. 결국 남북 문제는 우리가 주도적으로 풀어나가야 됩니다. 물론 미국과 긴밀히 협의하고 중국과도 협의해야겠지만, 그쪽 사람들이 자기 일 하기 바빠요. 제가 잘 압니다만, 오바마나 케리John Kerry[12]의 머릿속에는 남북 문제, 한국 문제가 거의 없을 겁니다. 365일 중 하루 정도도 생각 안 할 거예요. 자신들 문제로 골치가 아프니까요. 지금 우리는 차

---

12 **존 케리** John Kerry, 1943~ 미국 국무장관. 상원 의원을 지냈으며 2004년 대통령 선거에 민주당 후보로 출마했으나 조지 W. 부시에게 패했다.

관보 급과 상대해서 문제를 풀어나가고 있습니다. 왜 그럴까요? 우리의 아이디어가 부족하기 때문입니다.

한반도에는 절대로 핵이 있어서는 안 된다고 생각합니다. 이런 대원칙 아래 북핵 문제를 대화로 풀어야 합니다. 북핵은 대화로 해결할 문제이지 대화의 조건이 아니라고 생각합니다. 자꾸만 접촉을 해야 됩니다. 그리고 '통일은 대박이다', '통일 비용이 얼마다', 여러 가지 이야기를 하고 있습니다만 통일은 쉽게 오지 않습니다. 너무 쉽게 오면 우리나라에 좋지도 않아요. 가장 바람직한 것은 경제 공동체, 문화 공동체를 만들려는 노력을 끊임없이 하는 것입니다. 물론 북한 인권 문제도 중요합니다. 계속 얘기해야 될 문제이지요. 하지만 그 문제만 얘기하면 안 되는 겁니다. 북핵 문제도 중요하지요. 하지만 그 문제만 얘기하면 안 되는 겁니다. 경제와 문화 공동체를 만드는 데 꾸준히 투자해야 합니다.

제가 이런 문제를 말씀드리는 것은 평화 없이 매력국가는 절대 달성되지 않기 때문입니다. 그리고 평화는 남북 간에 만들어나가야 합니다. 다른 나라가 주는 것이 아닙니다.

곳간에서 인심 난다고, 우리가 매력국가의 길로 가서 경제가 어느 정도 성장해야 사회 각 분야의 갈등 구조가 선순환 구조로 바뀔 수 있습니다. 여러분의 취업이 잘되고 미래가 밝아지면서 저희 세대와 여러분 세대는 갈등할 필요가 없어지는 겁니다. 세계적인 언어학자 비트겐슈타인[13]이 한 말이 있습니다. 제가 좋아하는 말인데, 문제는 해결되는 것이 아니라 사라지는 것이라고 했습니다. 더 큰 것이 이뤄질 때 우리가 싸웠던 작은 문제는 사라지는 겁니다. 그것이 가장 좋은 해결책입니다.

마지막으로 통합과 관련해 한 말씀 드리겠습니다. 우리가 크지 않은 나라에서 아옹다옹하고 살다 보니, 또 지금 여러 가지 형편이 어렵다 보니 아주 각박해지는 것 아닌가 싶습니다. 서로를 아끼는 문화가 아쉽습니다. 남의 가슴에 못 박는 말은 하지 말아야 합니다. 그리고 인재를 아껴야 합니다. 인사 청문회에 나온 후보는 웬만하면 봐줬으면 좋겠어요. 이웃 나라 이야기를 하나 들려드리겠습니다. 하루는 덩샤오핑이 마오쩌둥하고 앉아서 이야기를 했답니다. 마오쩌둥이 능구렁이처럼 말을 했습니다. "내가 들판을 뛰어다니며 일을 해서 여기까지 왔는데, 생각해보니까 너무 잘못한 것이 많아서 반은 잘하고 반은 잘못한 것 같아." 대답 한번 잘못했다가는 큰일 날 처지에서 덩샤오핑은 다음과 같이 말했습니다. "무슨 말씀을 하십니까? 제가 볼 때는 어려운 환경에서 7개는 잘하시고 3개는 조금 아쉬움이 있었던 것 같습니다." 그랬더니 마

---

13 **루트비히 비트겐슈타인** Ludwig Wittgenstein, 1889~1951 오스트리아 출생의 영국 철학자로 논리학·수리철학·심리철학·언어철학을 연구했다.

오쩌둥이 얼굴을 좀 펴면서 "아니야, 아무리 생각해봐도 6개는 잘하고 4개는 못한 것 같아"라고 말했답니다. 이 얼마나 아름다운 광경입니까? 이것이 덩샤오핑의 공칠과삼론功七過三論입니다. 일제시대·한국전쟁·산업화·민주화를 겪으면서 우리 선배들이 어떻게 다 잘했겠습니까? 7개 잘한 사람은 좀 봐줬으면 좋겠어요.

요즘 신문을 보니까 많이 쓰는 말이 있습니다. 구동존이求同存異. 의견이 다른 것은 놔두고 같이 가지고 있는 것으로 이야기하자는 뜻이지요. 저우언라이周恩來[14]의 말입니다. 우연히 중국 관련 책을 보니 다음과 같은 유래가 있더군요. 1950년대 말에 마오쩌둥이 대약진운동을 벌입니다. 매우 좌파적인 정책이지요. 500만 톤 철강 생산으로 영국을 따라잡는다고 동네마다 용광로를 만듭니다. 결과가 어떻게 됐을까요? 3,000만 명이 굶어 죽었어요. 그래서 1959년 이를 비판하는 여산廬山회의가 열립니다. 치열한 논쟁 과정에서 그 유명한 펑더화이彭德懷[15]가 숙청됩니다. 그러고도 싸움이 그치지 않자 저우언라이가 유명한 연설을 합니다. "우리가 다 같이 사회주의혁명을 하자고 하면서 여기까지 왔는데 우리끼리 싸워서야

---

14 **저우언라이** 周恩來, 1898~1976 중화인민공화국의 초대 총리로 공산당 집권 체제를 강화하고 외교정책을 담당했으며 중국 경제를 발전시키는 데 중요한 역할을 했다.

15 **펑더화이** 彭德懷, 1898~1974 중국공산당의 군부 지도자로 1954년부터 1959년까지 국방부장을 지냈다.

되겠느냐? 이제 서로 다른 것은 남겨놓고 서로 동의하는 것을 갖고 다시 시작하자." 우리나라도 그러한 공칠과삼과 구동존이가 필요하지 않나 생각합니다.

이제 강연을 마치면서 농담 하나 드리겠습니다. 지하철 공짜로 타는 지공거사의 입장에서 드리는 말씀입니다. 여러분은 늙은 것이 뭔지 모르지요? 못 늙어보셨지요? 저는 젊어봤어요. 젊은 시절이 있었어요. 그래서 여러분의 고민을 제가 압니다. '아프니까 청춘이다'라는 말도 있지요? 한 번밖에 주어지지 않는 것이 인생이에요. 가슴 뛰는 인생을 사세요. 여러분이 진짜 일류라고 생각하면 남의 밑에 들어가지 말고 혼자서 한번 해보세요. 얼마 전에 어느 책의 제목을 봤습니다. '경쟁하지 말고 독점하라.' 아주 제 가슴을 치더라고요. 욕심꾼 얘기 같긴 하지만, 바로 거기에 메시지가 있는 것 같습니다. '여러 사람이 하는 것에서 1등을 하려고, 넘버원이 되겠다고 생각하지 말고, 아무도 안 하는 것을 하는 온리원only one이 되어라.' 저는 이런 말로 해석이 됩니다. 자기의 독창적 인생을 사세요. 물론 어려움이 많겠지만 거기에 대한 보상은 크리라 생각합니다. 멋진 인생, 행복한 인생을 여러분이 디자인하십시오. 선배로서 드리는 이 말씀이 위로가 될지 안 될지는 잘 모르겠습니다. 감사합니다.

Miwon Lecture

질문과 답변*

권기봉 가장 흥미로운 주제이기도 하면서 나름대로 메시지로 전달해주신 것이 제3의 개국이 필요하다는 것이고, 이와 함께 자유와 개방을 중심으로 하는 매력국가가 됐으면 좋겠다고 말씀해주셨습니다. 다른 말로도 표현이 가능했을 것 같은데, 특히 매력국가란 말을 선택하시게 된 동기가 혹시 있으신지요?

홍석현 우리나라가 통일이 되면 인구 7,000~8,000만 명의

* 강연에 이어 열린 질문과 답변 시간은 권기봉 경희대 평화복지대학원 원장의 사회로 진행됐다.

나라가 될 겁니다. 유럽과 비교하면 독일이나 영국, 프랑스 수준까지 가는 훌륭한 사이즈의 나라이지요. 하지만 불행하게도 우리는 러시아와 중국, 일본, 그리고 바다 건너 미국이라는 4강에 둘러싸인 세계 유일의 나라일 겁니다. 여기서 강한 대한민국을 주장하는 것은 쉽지 않은 이야기지요. 그러면 우리가 갖고 있는 장점은 무엇일까요? 저는 5,000년 역사라고 생각합니다. 남을 한 번도 침략하지 않은 나라입니다. 저는 그것이 아주 중요한 우리의 자산이라고 생각합니다. 우리는 광개토대왕과 같이 팽창주의가 강한 임금님도 모셨지만, 세종대왕과 같은 문화 정신, 애민 정신, 창조 정신을 강조한 성군도 갖고 있는 나라입니다. 그렇기 때문에 4강 속에서도 결코 품격이 떨어지지 않고 도덕적 우위와 문화적 우위를 가진 나라를 만드는 것이 중요합니다. 말하자면 외모가 뛰어난 사람이 아니라 향기가 나는 사람이 되는 것입니다. 뭔가 매력이 있어 다시 만나고 싶은 사람처럼 대한민국이 매력이 있는 나라가 되는 것이지요. 망명하고 싶은 나라, 사업하고 싶은 나라, 관광하고 싶은 나라. 이런 나라가 21세기에 바람직한 나라라고 생각합니다. 그런 차원에서 매력이라는 단어를 작위적으로 골라봤습니다.

권기붕 회장님께서 강연 마지막에 남북한 문제를 언급하셨습니다. 다른 기고문을 통해서도 이 문제에 관해 상당히 관심을 표명하셨습니다. 정책적인 부분에서의 engagement, 지속적인 대화 같은 것을 매우 강조하셨는데, 한국이 매력국가가 되기 위한 과정에서 개성공단 사업은 어떤 함의를 가진다고 보시는지 한 말씀 부탁드릴까요?

홍석현 제가 개성공단에 대해서 글도 쓰고 많은 이야기를 하고 있습니다. 사실 정책을 맡고 있는 사람이나 정치 일선에 있는 사람들에게는 조금 거북한 이야기가 될 수도 있지요. 왜냐하면 책임을 져야 하니까요. 제가 그런 글을 지금 쓰는 것은 뭔가 균형을 잡아줄 필요가 있기 때문입니다. 너무 한쪽으로 가기 때문에 제가 좀 강한 표현을 의도적으로 하고 있습니다. 제 글을 이렇게 이해해주셨으면 좋겠어요. 개성공단이 처음 생길 때를 한번 반추해볼 필요가 있습니다. 물론 6·15 공동선언[16]의 결과물로 나왔지요. 조심스러운 말입니다만, 김정일 위원장의 개성공단 개발 결정은 일정 부분 평가해야 한다고 생각합니다. 하나의 전쟁 루트이며 군대가 주둔하는 장소를 후방으로 물리는 것은 아무리 독재 정부라도 쉽지 않은 결정이었다고 봅니다. 장난으로 한 것은 아니라는 겁니다. 그래서 사업이 시작되어 5만이 고용됐습니다. 원래는 80만까

16 **6·15 공동선언** 김대중 대통령과 김정일 국방위원장이 2000년 6월에 열린 남북 정상회담에서 합의한 공동선언. 평화통일 지향과 남북 관계 개선 등의 내용이 담겨 있다.

개성공단.

지 고용을 생각하고 있었어요, 제1공단, 제2공단 해서. 그런데 오늘날 이렇게 됐습니다. 물론 그렇게 된 큰 책임은 북한에 있다고 생각합니다. 툭하면 문을 닫고 임금이 어쩌고저쩌고하고 정부가 개입을 하니 말입니다. 기업인은 이런 예측 가능하지 않은 지역에 가서 장사하려고 하지 않습니다. 당연히 그런 책임이 북한에 있습니다. 그런데, 제가 여러 사람을 만나봤습니다만, 개성공단에 들어간 기업 중에 불만 있는 기업이 없어요. 물류라든지 북한 노동자들의 생산성, 기술력이라든지 여러 요인으로 인해 거기 가서 돈을 남기고 있는 것입니다. 그렇다면 많은 제약에도 불구하고 입지로 훌륭한 것이지요. 이왕에 80만 고용까지 할 바엔 열심히 서로 이야기해서 넓혀가는 것이 중요하지요. 삼성을 비롯한 대기업들이 옛날에는 중국에 많이 들어갔다가 지금은 동남아시아 오지까지 들어가서 공장을 세우고 있습니다. 필요하니까 세우는 겁니다. 그런데 개성에는 안 들어갑니다. 많은 노력을 하지만 말입니다. 그 이유가 무엇일까요? 90%는 북한 책임입니다. 그런데 기업을 운영할 수 있는 여러 가지 분위기만 조성되면 대기업도 개성에 들어가겠다고 합니다. 그렇다면 왜 미얀마까지 가서 공장을 세웁니까? 경제 공동체를 형성하는 개성에서 하는 것이 좋지 않을까요? 어차피 같이 살아야 될 우리 동포 아닙니까? 저는 이런 생각을 갖고 있습니다.

권기봉 이제 학생들의 질문을 받도록 하겠습니다.

김종하 안녕하십니까, 경희대학교 김종하입니다. 먼저 좋은 강연 들려주셔서 감사의 말씀을 드립니다. 강연에서 우리나라가 당면한 문제를 짚어주셨고 그것에 대한 대안을 매력국가 건설이라는 하나의 키워드로 정리해주셨습니다. 제 생각으로는 매력국가 건설을 위해서는 고등교육기관인 대학도 어느 정도 성장을 해야 할 것 같습니다. 홍석현 회장님께서 말씀하신 대학의 모습도 중요한 문제라고 생각합니다. 우리나라 대학이 매력 있는 대학이 되려면 구체적으로 어떤 길을 가야 할까요? 또 경희대학교가 매력 있는 대학이 되기 위해서는 어떤 길을 가야 할까요?

권기봉 회장님께서 경희대학교 재단의 이사님이시기 때문에 이에 대한 고견이 학교 정책에 중요한 영향을 미칠 것 같습니다.

홍석현 교육 문제가 참 어렵습니다. 누구나 학부형이 되고 누구나 학생이 되어 나름대로 전문적 견해를 갖기 때문입니다. 정책 당국자들도 어려움이 많을 것입니다. 질문을 듣고 보니 언뜻 떠오르는 것이 있습니다. 대학 진학률입니다. 대학 진학률에 대해 다시 한 번 생각할 시점이 온 듯합니다. 우리나라 대학 진학률이 너무 높다는 것이지요. OECD 국가 중에서 아마 제일 높을 겁니다. 미국이나 일본보다도 훨씬 높을 거예요. 경제가 잘되고 있는 독일과 비교해서도 말이지요. 이제 대학을 꼭 가야 한다는 생각부터 바꿔야 되지 않을까 싶습니다. 책임 없는 말로 들릴 수도 있겠습니다만, 교육부가 대학 문제에 관여하는 시기는 이제 지난 것이 아닌가 생각합니다. 최고 지성들이 모인 기관이 대학입니다. 교육부가 정원이 어쩌고저쩌고, 감 놓아라 배 놓아라 하는 단계는 넘어섰다고 생각합니다. 물론 문제 대학이 많다는 것을 알고 있습니다. 경희대학교를 비롯해서 아주 우수한 대학들은 그렇지 않지만 말입니다. 그래서 문제 대학은 구조조정을 할 필요가 있겠지요. 하지만 정부가 대학 행정, 대학 정책에서 단계적으로 손을 떼어야 대학이 제 길을 찾아갈 수 있다고 봅니다. 한편 교

직원 사회도 대학의 현안과 관련해 모든 것을 내려놓고 앞날을 같이 고민하는 노력이 있어야 되지 않을까 생각합니다. 학과 문제 같은 것도 미래 지향적인 태도가 교수 사회에 필요할 것으로 보입니다. 학교 직원들도 시대의 변화에 발맞춰 이익집단의 이해관계를 내려놓아야 하지 않을까 생각합니다. 그래야 총장님께서 경희대학교를 매력 있는 대학으로 만드시는 것이 용이하지 않을까 생각합니다.

권기붕 말씀하신 것과 관련해 질문 하나 드리도록 하겠습니다. 지난 5월 18일 경희대학교에서는 1년 동안 기획한 조사 보고서인 미래대학리포트를 발표했습니다. 조사 결과를 보면 학생들은 행복해지고 싶어 하고 자아실현을 원합니다. 그리고 종교인을 존경하고 부富를 중요하게 생각합니다. 회장님께서 강조하신 창업과 연관되는 부분이 있는 것 같습니다. 학생들이 사회에 나가 창의적으로 뭔가를 창조하는 것과 관련해 대학이 어떤 식으로 변모할 필요가 있을까요?

홍석현 우리가 농경 사회, 산업 사회, 정보화 사회를 거쳐서 현재 지식 기반 사회에 이르렀습니다. 특히 IT 기술혁명과 함께 세상이 변하는 속도가 정말 빨라졌습니다. 결국 학문이라는 것은 세상의 변화에 어느 정도는 맞출 필요가 있다고 생각합니다. 그리고 세상이 변하는 속도만큼 불확실성이 커지기 때문에 적어도 대학에서는 전공을 너무 고정시키는 것이 바람직하지 않은 것 같습니다. 아마 전 세계적으로 그런 트렌드가 있다고 믿습니다. 지식의 전달은 요새 대한민국에서 제일 똑똑한 지식인인 네이버 지식iN이 하고 있지 않습니까? 네이버 때문에 무슨 인용을 하기가 겁이 납니다. 상대방이 찾아보고 아니라고 하니까요. 이제는 교육의 새로운 패러다임 같은 것을 깊이 고민해야 할 것으로 보입니다. 그래서 저는 정부가 손을 좀 뗐으면 좋겠어요.

권기붕 그럼 다른 학생의 질문을 받아보겠습니다.

김정철 안녕하세요, 저는 자율전공학과 김정철이라고 합니다. 다른 나라는 저마다 독특한 매력이 있는 것 같습니다. 중국에 가면 경극京劇이 있고, 일본에 가면 가부키歌舞伎가 있습니다. 중국은 공자孔子 정신, 일본은 사무라이侍 정신입니다. 그리고 미국에는 프런티어frontier 정신이 있고, 영국은 신사紳士의 나라입니다. 그런데 우리나라는 이런 것이 좀 부족하지 않나 생각합니다. 앞으로 우리나라는 어떤 정신을 발전시킬 수 있을지, 말씀을 듣고 싶습니다.

홍석현 사무라이 정신, 프런티어 정신, 젠틀맨십이라고 말씀하시니까 딱 떠오르는 것이 있습니다. 바로 선비 정신입니

조선 후기의 화가인 강희언의 작품 '사인시음(士人詩吟).'

다. 앞으로 잘 갈고닦으면 전 세계에 자랑할 수 있는 정신이 될 것입니다. 제 생각에 선비 정신의 요체는 염치입니다. 요새 염치없는 사람들이 너무 많지요. 소크라테스가 "너 자신을 알라"라고 했지요. 자기 자신도 모르고 상대방의 기분도 모르면서 막말하는 사람이 많지요. 술자리도 아닌데 말입니다. 염치가 없는 것이지요. 또 자기 이익만 추구하고 말이지요. 선비 정신은 큰 정신입니다. 제가 서양 사람들한테 많이 하는 얘기가 있습니다. 『삼국사기』를 쓴 김부식 선생이 몽촌토성을 보고 백제 문화를 평하면서 이런 말을 했습니다. 검이불루 화이불치儉而不陋 華而不侈. 검소하되 누추하지 않고, 화려

하되 사치스럽지 않다는 것이지요. 정신이 바로 박힌 사람은 권력 있는 사람이나 돈이 있는 사람 앞에 가도 당당할 수 있습니다. 그리고 돈 많은 사람이 좀스럽게 사는 것은 위선입니다. 당당하게 누릴 것은 누리고 화려하게 살면 됩니다. 단, 사치스러울 필요는 없는 거예요. 도를 넘을 필요는 없는 거예요. 그것이 선비 정신입니다. 우리나라 선비들이 지키려고 했던 정신입니다. 참 매력이 있지요. 우리나라 지식인들은 모두 문학을 할 줄 알고 그림도 그릴 줄 알고 붓글씨도 쓸 줄 알고 노래 한 자락도 할 줄 알았어요. 멋이 있지요. 선비 정신 말고도 여러 가지 정신이 있습니다만, 우리가 앞으로 널리 알릴 수 있는 정신을 하나 꼽으라면 저는 선비 정신이라고 대답하겠습니다.

권기봉 회장님께서는 어느 기고문에서 불교적 가치를 강조하셨습니다. 특히 외교적인 부분에서 균형 감각, mindfulness, awareness 같은 것을 말씀하셨습니다. 혹시 이런 것들도 우리의 문화적 가치가 될 수 있을까요?

홍석현 제가 불자佛子이기 때문에 그런 글을 썼습니다. 그 글을 쓰게 된 계기를 말씀드리지요. 아리아나 허핑턴Arianna Huffington이라는 분이 「허핑턴포스트The Huffington Post」를 설립하셨지요. 나중에 아메리카온라인America Online에 팔렸다가 아메리카온라인도 다른 회사에 팔렸습니다만. 우리나라에서는 「한겨레」 신문과 연합해서 발간되고 있습니다. 여러분들 중에서도 보시는 분들 있을 거예요. 그런데 제 친한 친구 중에 억만장자가 있는데 허핑턴이랑 친합니다. 그래서 「한겨레」 신문과 계약하러 가는 허핑턴한테 서울 가면 홍 아무개를 한번 만나보라고 했나 봅니다. 그렇게 해서 허핑턴이 제 방에 왔어요. 제 자리 뒤에 족자가 두 개 걸려 있는데, 그중 하나가 불교의 1,600가지 공안公案[17] 중 하나인 만법귀일 일귀하처萬法歸一 一歸何處입니다. 그런데 허핑턴이 그것을 딱 보고 제가 불교 신자인 줄 안 겁니다. 뜻은 모르지만 말입니다. 알고 보니 허핑턴이 대단한 불교 신자였습니다. 6개월 동안 콜카타Kolkata에서 불교 학교를 다니기까지 했답니다. 처음에 저는 허핑턴이 언론 얘기를 하겠거니 생각했습니다. 「한겨레」 신문에 가는 길이기도 하고 언론인끼리 만났으니까 말입니다. 그런데 허핑턴은 언론의 'ㅇ' 자도 꺼내지 않았습니다. 불교 얘기만 1시간 동안 했어요. 같은 불자끼리 얘기가 통했던 것이지요. 이야기가 끝나고 허핑턴이 일어서면서 제게 이런 말을 하더라고요. 불교에 관한 글을 기고해주면 자기가 많이 협조를 하겠다고요. 그래서 제가 그 약속을 받고 6개월쯤 후에

---

17 **공안** 선사가 수행자를 깨우치기 위해 제시하는 문제. 역설적이고 파격적인 문구나 물음으로 화두와 같은 말이다.

그 글을 썼습니다.

영국에 「파이낸셜타임스Financial Times」란 신문이 있지요? 부수는 얼마 안 되지만 세계 최고의 신문입니다. 이 신문을 보면 일주일에 한 번씩 mindfulness에 관한 비즈니스 글이 나옵니다. 우리말로 하면 마음 챙김이지요. 그만큼 지금 서양에서는 마음 수양이 엄청난 유행입니다. 특히 지식인들 사이에서요. 그래서 mindfulness에 남북한 문제를 연결해서 글을 써봤습니다. 제가 미국 대사도 했으니까요. 그런데 의외로 일본에서도 평이 좋았고 서양에서도 평이 좋았습니다.

여하튼 제가 선비 정신을 말씀드린 이유는 공감대 문제도 있습니다. 특정 종교의 얘기를 우리의 독특한 정신으로 알린다고 하면 공감하지 않는 분들도 있을 수 있겠지요. 그리고 선비 정신은 여러모로 우리의 일상생활에 직결되기도 하고요.

권기봉 다른 학생들 질문해주시지요.

박준형 감사합니다. 정치외교학과에 재학 중인 박준형이라고 합니다. 중학교 1학년 때부터 「중앙일보」를 봤고요, 아버지는 퇴근하시고 JTBC 뉴스를 꼭 보십니다.

권기봉 매우 정치적인 발언으로 보입니다. (웃음)

홍석현 정치외교적 발언 같습니다. (웃음)

박준형 사실 처음에는 청년들이 흔히 말하는 조·중·동이라는 프레임으로 회장님 강연을 생각했습니다. 하지만 회장님이 그런 프레임에서 벗어난 얘기를 많이 하셔서 개인적으로 많이 놀랐습니다. 특히 대기업에 대한 언급이 가장 마음에 와 닿았습니다. 중소기업이나 청년들의 창업 회사를 뺏어 가거나 기술을 훔쳐 가는 것을 막아야 한다고 하셨지요. 그런데 주변의 선배나 친구들을 보면 대기업에 대해 이중적인 시각을 가지고 있는 것 같습니다. 대기업의 그런 행태를 비판하지만 실제로 희망하는 것은 대기업 취업이기 때문입니다. 경희대학교에 들어와서 중소기업을 꿈꾸는 학생은 없을 것이라고 봅니다. 이런 모순성은 청년들만의 문제가 아니라 사회 전체에 내재한 문제로 생각됩니다. 중국의 일대일로 계획이나 중국몽 같은 경우는 단기간에 나온 것이 아니라 이미 오래전부터 계획해온 것입니다. 하지만 우리 사회에는 소모적인 논쟁이 많다고 생각합니다. 이런 문제가 대한민국의 꿈이나 발전에 방해가 되지 않을까 걱정됩니다. 이런 문제점을 어떻게 바라봐야 하며 또 어떻게 해결할 수 있는지 궁금합니다.

홍석현 앞서 말씀드렸지만 모든 사람이 창업을 할 필요는 없어요. 최고의 일류가 해야 됩니다. 1.5류는 삼성에 가고, 또 다른 1.5류는 변호사, 의사 하면 되고, 또 다른 1.5류는 정부 들어가면 됩니다. 진짜 일류는 그런 데 갈 필요 없어요. 역사를 만드는 사람은 홀로 서는 사람입니다. 온리원이 되겠다고 해야 합니다. 시험 봐서 1등 해봤자 틀에 박힌 길을 갈 수밖에 없는 거예요. 그런데 일류가 일할 수 있는 환경을 만들어주는 것은 1.5류들이 해줘야 됩니다. 그리고 외국의 일류가 들어오지 않으면 우리나라는 희망이 없어요. 이 말씀을 먼저 드리고 싶고요. 중국 얘기 했습니다만, 사실 중국의 꿈은 우리나라를 벤치마킹한 거예요. 이승만·박정희·전두환·노태우·김영삼·김대중·노무현 대통령이 꾸었던 꿈입니다. 덩샤오핑의 멘토가 박정희 대통령이었습니다. 공개 석상에서 이야기했어요. 철강 산업을 일으킬 때 박태준 회장을 모시고 갔잖아요? 배우는 데 부끄러워해서는 안 됩니다. 박정희 모델을 중국화한 것이 덩샤오핑 모델이에요. 그런데 우리나라가 어느 날부터 꿈이 없어졌어요. 이념만 남고 진영만 남았어요. 언제부터인지 모르겠어요. 우리가 꿈을 꾸었기 때문에 여기까지 온 것입니다. 우리가 꿈을 꾸었던 사람들이었기 때문에 일본처럼 다시 꾸면 됩니다. 그런데 간단한 꿈으로는 안 됩니다. 일본도 꿈꾸고 중국도 꿈꾸고 세계가 다 꿈꾸고 있어요. 그래서 제가 쇼크요법으로 제3의 개국이 필요하다고 말한 것입니다. 과연 가능할까요? 그것이 안 되면 어떻게 될까요? 여러분의 몫도 있고 제 몫도 있다고 생각합니다.

강연에 이어 열린 질의응답 시간.

권기붕 지금 많은 학생들이 손을 들고 있는데요, 질문들이 많은가 봅니다. 몇 가지 질문을 함께 받겠습니다.

윤동규 회장님 강연 너무 잘 들었습니다. 저는 철학과에 재학 중인 윤동규라고 합니다. 저는 사업하시는 분 밑에서 어렸을 적부터 일을 해왔기 때문에 그쪽 분야에 관심이 있습니다. 그래서 드리는 말씀인데요, 우리나라는 기술력이 굉장히 중요하다고 생각합니다. 중국과 일본이 옆에 있는 상황에서 우리가 경제적인 우위를 점하지 못하면 우리나라는 중국과 일본의 경제적 식민지가 될 수 있다고 봅니다. 경제적인 우위를 점하기 위해선 기업이 살아야 되고, 기업이 살기 위해선 당연히 기술력의 우위가 있어야 됩니다. 그래서 우리나라는 기술력이 중요합니다. 하지만 우리나라 경제는 특정 사업에 편향되어 있습니다. 게다가 기업들은 낮은 성공 확률 때문에 R&D에 소극적입니다. 그렇다면 기술력을 높일 수 있는 가장 좋은 방법은 외국 기업이 우리나라에 와서 자유롭게 기업 활동을 하는 것입니다. 아까 회장님께서 우리나라는 외국 기업을 끌어들일 수 있는 매력을 갖추어야 된다고 말씀하셨는데, 저와 굉장히 비슷한 생각을 하시는 것 같습니다.

브릭스BRICS[18]의 경우 저임금 노동시장이 있고 만들면 팔 수 있는 시장이 형성되어 있습니다. 경쟁하는 기업도 상대적으로 적고요. 그런데 우리나라는 외국 기업이 만족할 수 있는 내수 시장이 충분히 형성되어 있지 않은 것 같습니다. 과연 외국 기업을 끌어들이려면 어떠한 매력을 갖추어야 하는지, 구체적인 말씀을 듣고 싶습니다.

유재영 안녕하십니까, 국제학과 11학번 유재영입니다. 근현대사를 공부해보면 기성세대가 겪은 고통, 그리고 그것을 극복하기 위한 결단력과 노력을 느낄 수 있습니다. 회장님께서는 지도층이 무능해서 청년들이 고생할 수도 있다고 말씀하셨습니다만, 기성세대의 노력을 떠올리면 저희 청년들의 노

---

18 **브릭스** 경제가 빠르게 성장하고 있는 브라질·러시아·인도·중국·남아프리카공화국을 가리키는 용어.

력 정신이 부족하다는 생각도 듭니다. 지도층의 무능함도 문제이지만, 저희가 미래 지향적으로 더 나아가지 않은 점도 문제가 될 수 있을 것 같습니다. 이에 대한 회장님의 의견이 궁금합니다.

홍석현 앞서 질문하신 분과 똑같은 생각을 하고 있어서 아주 마음이 기쁩니다. 두 번째 질문에 대해서 먼저 대답을 하겠습니다. 사람은 밥만 먹고 사는 것이 아닙니다. 꿈이 있어야 됩니다. 어제보다 오늘이 낫고 올해보다 내년이 나은 삶을 살 때 보람이 있고 활력이 있습니다. 저희는 빈곤하고 어려웠지만 그래도 하루하루 앞으로 나아갔습니다. 또 적어도 일을 열심히 할 수 있는 기회는 주어졌습니다. 이런 점에서 여러분한테 미안합니다. 지금 여러 가지 구조적 문제와 정책적 문제 때문에 여러분의 훌륭한 스펙이 썩고 있는 것이 안타깝습니다.

우리의 가장 큰 장점은 우리가 중국 옆에 있다는 것입니다. 중국이 경제적으로 많이 발전했어도 여전히 개방적인 국가라고 말하긴 어렵습니다. 일본이 우리보다 훨씬 덜 개방적이고 외국인에게 폐쇄적이라는 것을 잘 활용하면 기회가 있다는 것입니다. 그리고 김구 선생하고 미원 선생 말씀을 드렸지만 우리는 문화국가입니다. 우리의 DNA에 문화가 있습니다. 싸이가 증명하고 홍대 앞이 증명하고 있어요. 우리가 가진 잠재력을 너무 과소평가하면 안 됩니다. 우리가 만약 제대로 나아간다면 어떤 일이 벌어질까요? 싱가포르가 당장 어려워져요. 그곳에 세계의 로펌 아시아 본부가 다 있고 일류 대학이 다 있기 때문입니다. 아시아 본부가 싱가포르에 들어갈 이유가 없어요. 우리가 무언가 부족하기 때문에 그곳으로 가는 겁니다. 우리가 부족함을 메워주면 된다고 생각합니다.

권기봉 다른 질문들을 함께 받도록 하겠습니다.

김도영 안녕하십니까, 저는 국어국문학과에 재학 중인 김도영이라고 합니다. 매력국가 건설의 취지는 굉장히 긍정적입니다. 우리 사회의 문제점을 해결할 수 있다는 점에서 굉장히 매력적입니다. 그런데 매력국가 건설에는 '물리적인 통로'가 필요하다고 생각합니다. 하지만 북한이라는 장애물에 가로막혀서 육로는 이용할 수 없는 상황입니다. 육로를 이용하려면 북한의 협력이 전제되어야 하고 북한의 협력은 통일이 전제되어야 한다고 봅니다. 회장님께서는 매력국가를 향한 꿈이 한반도 평화 정착과 통일로 가는 길이라고 생각하시는 것 같습니다. 어떻게 그런 방향으로 나아갈 수 있는지, 좀 더 구체적인 설명을 듣고 싶습니다. 질문이 한 가지 더 있습니다. 영국이나 실리콘밸리 같은 경우는 세계 공용어인 영어를 제1언어로 사용하고 있지만, 우리나라는 영어를 제2언어도 아닌 외국어로 사용하고 있습니다. 이런 점에서 언어 역시 한계점으로 작용한다고 생각합니다. 이에 대해서는 어떠한 해결 방안이 있는지 궁금합니다.

김희정 안녕하세요, 저는 사회학과 김희정이라고 합니다. 홍 회장님 말씀 잘 들었습니다. 우리나라가 매력국가로 발돋움하는 데 미국이라는 큰 산이 장애물이 될 것이라고 생각됩니다. AIIB와 사드THAAD[19] 논란에서 잘 알 수 있듯이 중국과 미국 사이에서 딜레마에 빠지는 것이 큰 문제라고 봅니다. 미국이 영향력을 행사하는 상황에서 우리나라는 어떻게 매력국가로 발전할 수 있을지 궁금합니다.

권기붕 질문을 두 개 정도 더 받겠습니다.

김도훈 정치외교학과 1학년에 재학 중인 김도훈이라고 합니다. 좋은 강연 감사합니다. 회장님께서는 우리가 주도적으로 통일 문제를 풀어야 한다고 말씀하셨습니다. 또한 북한과 끊임없이 대화하고 접촉하면서 경제 공동체, 문화 공동체를 만들어가야 한다고 하셨습니다. 통일 문제를 주도하는 '구심

---

19 **사드** 미군의 고(高)고도 미사일 방어 체계로 40~150km의 상층 고도에서 적의 탄도미사일을 요격한다.

력'을 먼저 키워야 한다는 점에 공감합니다. 그러면 주변 강대국들과 어떻게 외교를 하여 통일의 '원심력'을 키울 수 있을지 궁금합니다.

정영빈 안녕하세요, 영어학부의 정영빈이라고 합니다. 회장님께서는 우리나라가 매력을 키워 제3의 개국을 해야 한다고 말씀해주셨습니다. 제3의 개국을 위해서는 정계와 재계 못지않게 언론의 노력도 중요하다고 생각합니다. 사회적 분위기를 조성하고 국민적 공감이나 합의를 이끌어내는 데 언론도 중요한 역할을 하기 때문입니다. 언론사 회장님의 입장에서 언론사는 어떤 역할을 해야 한다고 보십니까? 그리고 이와 관련해 JTBC와 「중앙일보」는 어떤 방향으로 나아갈 수 있을까요?

홍석현 다들 너무 어려운 질문들입니다. 우선 언론 관련 질문부터 대답을 드리겠습니다. 저는 세상만사에 답이 있다고 생각하지 않습니다. 서로 이야기하면서 최선이 안 되면 차선을 택하고 형편에 맞게 지혜를 모아가는 것이 중요하다고 봅니다. 그래서 저는 「중앙일보」와 JTBC를 운영하면서 늘 강조하는 점이 있습니다. 무엇이 됐든 일류 담론을 하자는 겁니다. 진보가 됐든 보수가 됐든 말입니다. 일류 담론은 서로 대화할 수 있고 통할 수 있습니다. 앞서 말씀드린 구동존이를

강연에 이어 열린 질의응답 시간.

따르면서 타협점을 만들어갈 수 있습니다. 일류가 아니면 싸움이 일어나고 진영 논리로 들어가면 대화가 안 됩니다. 저희 「중앙일보」는 열린 보수입니다. 보수 신문이지만 일류 진보에게는 담론을 허용합니다. 많은 비판과 오해를 받고 있지만, 「한겨레」 신문과 함께 서로 사설을 비교 분석하는 지면도 일주일에 한 번 나가고 있지요.

미국이 매력국가에 걸림돌이 된다는 말씀은 굉장히 듣기가 거북합니다. 미국과 중국 가운데 하나를 선택하는 시대는 지났다고 생각합니다. 세력균형에 의한 헤게모니 시대는 지났다고 봅니다. 물론 대국을 대국으로 인정하는 것은 당연한 일이지만요. 중국과의 경제 관계가 더 중요하다고 미국을 소홀히 하는 것은 상당히 위험한 일입니다. 그리고 이웃 나라인 일본과 중국과는 아주 잘 지내야 된다고 생각합니다. 따라서 한·중·일의 청년들은 적어도 다른 한 나라의 언어를 자기 나라 말처럼 할 수 있어야 합니다. 그런 문화를 만들어야 합니다. 또한 일본·중국·러시아가 다 중요한 나라입니다만, 역시 우리한테 제일 중요한 나라는 미국이라고 생각합니다. 그렇다고 중국이 안 중요한 것이 아니라 다 중요합니다. 그 중 미국이 제일 중요하다는 것이지요. 옛날에 후쿠자와 유키치福澤諭吉[20]는 탈아입구론脱亜入欧論[21]을 펼치며 얼굴을 표백하고 싶어 하고 유럽으로 이사 가고 싶어 했습니다. 이것은 있을 수가 없는 일이에요. 이웃 나라는 떠날 수가 없습니다. 어디 이사 갈 수가 없습니다. 이웃은 이웃입니다. 같이 잘 지내야 해요.

영어 문제를 말씀하셨습니다만, 요즘 젊은 분들 영어 하는 것 보면 참 잘합니다. 저는 그 나이에 그렇게 못했어요. 영어는 자기 나라 말처럼 할 수 있으면 좋겠어요. 영어는 세계 언어입니다. 또 앞서 말씀드렸듯이 중국어와 일본어 중 하나 정도는 자기 나라 말처럼 할 수 있으면 좋겠어요. 셋 다 할 수 있으면 더 좋고요. 여러분 능력으로는 충분히 할 수 있을 겁

---

20 **후쿠자와 유키치** 福澤諭吉, 1835~1901 근대 일본의 계몽 사상가. 정부와 사회제도에 대한 그의 구상은 일본 메이지 시대에 지속적인 영향을 미쳤다.

21 **탈아입구론** 일본은 전근대적인 아시아에서 벗어나 서구의 선진 문명에 합류해야 한다는 주장.

니다.

권기봉 스펙을 하나 더 늘리라는 말씀이 아닐 것이라고 믿습니다. 이제 마지막 질문들을 받도록 하겠습니다.

이일경 안녕하세요, 경제학과 이일경입니다. 우리나라의 많은 문제에 관해 기성세대가 미안해해야 한다는 말씀이 제일 공감이 갔습니다. 크게 위로가 된 말씀인 것 같습니다. 저희 위 세대가 배고픔과 억압된 사회를 물려주지 않으셨듯이, 저희 20대는 지금의 문제들을 해결해나가야 하지 않을까 싶습니다. 그래야만 저희 다음 세대에게 덜 미안할 것 같습니다. 그런데 문제 해결의 걸림돌 중 하나가 교육이라고 생각합니다. 교육은 백년대계百年大計라고 이야기하는데, 지금 우리나라 교육은 문제가 많은 것 같습니다. 교복을 왜 입어야 되는지 설명을 안 하고 단지 단정하다는 이유로 교복을 입힙니다. 수학 문제에 본질적으로 접근하는 것보다 문제의 답을 더 중요시합니다. 다른 분야에서는 일류일지도 모를 학생을 단지 성적 등급으로 평가해서 창공을 날 수 있는 독수리를 닭장에 가두고 있습니다. 이러한 교육의 문제로 인해 20대는 대기업만 바라보는 수동적인 태도를 보이고 있습니다. 또한 교육의 문제는 미래의 일류 인재를 양성하는 데에도 걸림돌이 되고 있습니다. 매력적인 한국과 관련해 이 문제를 어떻게 봐야 하는지 질문을 드립니다.

학생 안녕하십니까, 강연 잘 들었습니다. 듣는 내내 심장이 너무 뛰었습니다. 굉장히 좋은 강연이었다고 생각합니다. 수업 시간에 외교란 가장 이기적인 것이라는 얘기를 들었습니다. 과연 그러한 외교 분야에서 한·중·일의 합의체를 어떻게 만들 수 있을지 궁금합니다. 두 번째 질문은 창업에 대한 것입니다. 박근혜 대통령께서 주창하시는 창조경제에서도 대학생들한테 창업을 권유하지만, 사실 저는 그와 관련된 보호막이 거의 없다고 생각합니다. 저도 창업을 좀 준비했었지만, 시스템이나 인프라가 부족해 좌절을 한 적이 있습니다. 젊은이들이 더 많은 창업을 할 수 있도록 유도할 수 있는 방안은 어떤 것이 있는지, 질문을 드리고 싶습니다.

학생 제 생각에 회장님 강연의 키워드는 창업인 것 같습니다. 그런데 정부의 창조경제는 재벌을 중심으로 부가 부를 쌓는 그런 구조라고 생각합니다. '대한민국 기득권이 그렇지 뭐, 대한민국 망했다.' 이런 느낌이 들었습니다. 하지만 홍 회장님께서는 기득권이시지만 청년들을 위한 말씀을 해주셨습니다. 참 멋있다는 생각을 했습니다. 그러면 혹시 청년들의 창업을 위해 홍 회장님께서 실제로 추진하시는 것이 있는지 궁금합니다. 정부를 상대로 의견을 개진하거나 「중앙일보」에서 장학제도를 운영하는 것 같은 실질적인 활동이 있는지요? 아니면 그런 것들을 하실 계획이 있는지요?

홍석현 창업의 문제는 앞서 말씀드렸지만 그 생태계를 만드는 것이 중요합니다. 아이디어가 있으면 자기 동네에서 하면 되는데 굳이 실리콘밸리로 옵니다. 그곳에 오는 이유가 있어요. 실리콘밸리에 오면 뭔가 이루어지기 때문입니다. 100명 중에 1명 대박 나고, 또 중간 정도로 성공하는 사람도 몇 명 있습니다. 물론 대부분이 실패하지요. 대부분이 실패하지만 옵니다. 두 번, 세 번 기회가 주어지는 것이 그 생태계이기 때문입니다. 이러한 생태계를 만들기 전에는 아무것도 되지 않습니다. 이와 관련해서 「중앙일보」가 무엇을 했는지 물어보셨지요? 가장 중요한 스톡옵션 문제를 그 귀중한 지면에서 몇 차례에 걸쳐 이야기했습니다. 하지만 다들 문제는 알고 있는데 해결을 못 합니다. 앞서 질문에서 시스템이 부족하다는 얘기도 나왔습니다만, 일류의 입장에선 들어가기가 좀 겁나는 것이 창업 세계입니다. 수영을 하려면 적어도 수온이 어느 정도 되어야 하는데 너무 냉탕인 것이지요. 이건 우리의 책임이에요. 창조경제를 내세운 정부라면 현장의 반응을 알아야 하고 잘못된 것은 어떻게든 고쳐야 합니다. 저는 한 가지 참 아쉬운 것이 있습니다. 박근혜 정부 초기에 재미 교포 한 분을 장관으로 임명하려다가 안 됐지요. 저는 그분이 하셨으면 좀

질의응답 시간에서 발언하는 홍석현 회장.

낫지 않았을까 하는 아쉬움이 있습니다. 물론 그렇게 된 데에는 우리 언론의 책임도 있습니다만. 미국 시민권을 포기하는 대가로 세금 1,000억을 내고 오겠다는 사람을 못 오게 한 나라가 대한민국입니다.

교육 문제 관련해서 질문하신 것은 앞서 답변을 드린 것 같습니다.

저는 서강대학교 강연 때부터 한·중·일 시대라는 말을 사용했습니다. 일종의 조어를 한 셈인데, 의도적으로 그 말을 썼습니다. 지금 동북아 시대가 왔습니다. 우리나라도 삼성과 현대, 또 싸이 같은 한류로 유명합니다. 그런데 외국에 나가서 외국 사람들을 많이 만나본 분들은 누구나 느끼는 것이 하나 있습니다. 외국 사람들이 동북아를 볼 때 중국하고 일본만 봅니다. 한국은 아직 지도에 없어요. 그 지도에 넣자는 것이 제 메시지입니다. 넣을 수 있다는 것이 제 메시지입니다. 어떻게 넣을까요? 매력국가가 되는 것입니다. 서구의 일류, 최고 인재가 한국에 오게 해야 됩니다. 한국에 올 수 있습니다.

한·중·일 외교 문제와 관련해 답변을 드리겠습니다. 아시아 공동체에서 한·중·일은 뭐라고 불리는지 아세요? '+3' 입니다. '아세안ASEAN+3'이지요. '아세안+3'에서 GDP의 90%가 한·중·일입니다. 싱가포르·인도네시아·태국·미얀마·라오스·캄보디아 등 다 합쳐도 10~15%밖에 안 됩니다. 한·중·일은 '+3'입니다. 그런데 세 나라가 아직 과거사를 정리하지 못했지요? 사회주의가 있어서 이념적으로 가치 공동체도 아닙니다. 이런 문제를 해결해야 됩니다. 그래서 「중앙일보」는 '한·중·일 30인회'를 1.5트랙으로 10년째 주최하고 있기도 합니다. 프랜시스 후쿠야마Francis Fukuyama[22] 교수는 아시아 패러독스를 얘기합니다. 박근혜 대통령께서도 많이 하시는 말씀입니다만. 경제적으로는 서로 연결되어 있지만 전쟁이 일어날 수도 있는 현상을 가리킵니다. 아시아 패러다임은 한·중·일이 만들어야 됩니다. 대사들이 서로 만나지 않는 나라는 한·중·일밖에 없었습니다. EU는 EU끼리, 남미는 남미끼리,

---

22 **프랜시스 후쿠야마** Francis Fukuyama, 1952~ 미국의 정치학자. 『역사의 종말』이란 저서에서 그는 서구의 자유민주주의와 자본주의가 전 세계적으로 확산됨으로써 인류의 사회 문화적 진화는 종착점에 다다랐다고 주장했다.

아세안은 아세안끼리 만나는데 말입니다. 한·중·일은 제가 제안을 해서 만나기 시작했어요. 저는 한·중·일을 묶는 힘도 한국에 있다고 봅니다. 한·중·일을 묶는 것이 아시아 평화에 기여하는 것이고 세계 평화에 기여하는 것입니다. 이곳이 제일 중요한 지역이에요. 그러니까 'Pivot to Asia', 'Re-balance to Asia'라고 오바마도 얘기하는 것 아닙니까? AIIB도 영국과 독일이 얼른 들어오지 않았습니까? 성장하는 아시아 시대가 2세기 만에 다시 열리고 있습니다. 우리가 할 일이 참 많습니다.

권기붕 감사합니다. 회장님께서는 제3의 개국을 위해서는 매력적인 국가가 되고 향기로운 국가가 되어야 한다고 말씀하셨는데, 제 느낌에는 회장님 자신이 매우 향기로운 분이시고 매우 매력적인 분이신 것 같습니다. 우리 청중들도 모두 동감하셨을 것이라고 믿습니다. 오늘 강연 감사드립니다.

지은이

홍석현

「중앙일보」와 JTBC 회장을 맡고 있으며 세계신문협회 회장, 한국신문협회 회장을 역임했다. 미디어 관련 활동 이외에도 세계은행 Economist, 재무장관 비서관, 대통령 비서실장 보좌관, 한국개발연구원 연구위원, 주미 한국 대사를 지내면서 한국 경제 발전을 위해 많은 업적을 쌓았다. 현재 세계문화오픈 조직위원회 위원장, 삼극위원회 아시아태평양위원회 부회장, 아시아재단 이사, 한국기원 총재, 전략국제문제연구소 이사, 베르그루엔 거버넌스 연구소 21세기위원회 멤버, 채텀하우스 자문위원을 맡고 있다. 서울대학교에서 전자공학 학사, 미국 스탠퍼드대학교에서 산업공학 석사와 경제학 박사 학위를 취득했다.